škola - məktəp	2
putovanje - səyəxət	5
transport - transport	8
grad - şəhər	10
krajolik - tirə-yün	14
restoran - restoran	17
supermarket - supermarket	20
napitci - eçemleklər	22
jelo - azıq	23
seosko gazdinstvo - çeftlek	27
kuća - yort	31
dnevna soba - qunaq bülməse	33
kuhinja - aş bülməse	35
kupaonica - yuınu bülməse	38
dječija soba - bala bülməse	42
odjeća - kiyem	44
ured - ofis	49
gospodarstvo - iqtisad	51
zanimanja - hönərlər	53
alati - ələtlər	56
glazbeni instrument - muzıka alətləre	57
zoološki vrt - xaywan baqçası	59
šport - sport törləre	62
aktivnosti - itkenleklər	63
obitelj - ğailə	67
tijelo - tən	68
bolnica - xastaxanə	72
hitni slučaj - kiçektergesez xəl	76
zemlja - Cir	77
sat - səğət	79
tjedan - atna	80
godina - yıl	81
oblici - şəkellər	83
boje - töslər	84
suprotnosti - qapma-qarşılıqlar	85
brojevi - sannar	88
jezici - tellər	90
tko / što / kako - kem / nərsə / niçek	91
gdje - qayda	92

Impressum
Verlag: BABADADA GmbH, Nedderfeld 112 , 22529 Hamburg
Geschäftsführer / Verlagsleitung: Harald Hof
Druck: Books on Demand GmbH, In de Tarpen 42, 22848 Norderstedt

Imprint
Publisher: BABADADA GmbH, Nedderfeld 112 , 22529 Hamburg, Germany
Managing Director / Publishing direction: Harald Hof
Print: Books on Demand GmbH, In de Tarpen 42, 22848 Norderstedt

škola
məktəp

dijeliti / bülü

186/2

ploča / taqta

učionica / sıynıf bülməsi

školsko dvorište / məktəp ixatası

učitelj / uqıtuçı

papir / kəğəz

pisati / yazarğa

kemijska olovka / qələm

pisaći stol / östəl

ravnalo / sızğıç

knjiga / kitap

učenik / uquçı

torba
buqça

pernica
qələmdan

grafitna olovka
qırandaş

šiljilo za olovke
qələm oçlağıç

gumica za brisanje
betergeç

blok za crtanje
rəsem dəftərə

crtež
rəsem

kist
pumala

kutija s bojama
buyawlar tartması

makaze
qayçı

ljepilo
cilem

bilježnica
dəftər

domaći zadatak
öy eşe

broj
san

sabirati
quşu

oduzimati
alu

množiti
tapqırlaw

računati
isəpləw

slovo
xəref

abeceda
əlifba

riječ
süz

škola - məktəp

tekst
tekst

čitati
uqırğa

kreda
aqbur

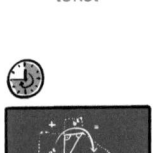
sat
dərs

dnevnik
sıynıf jurnalı

ispit
imtixan

svjedodžba
sertifikat

školska uniforma
məktəp forması

obrazovanje
məğərif

leksikon
ensiklopediyə

sveučilište
universitə

mikroskop
mikroskop

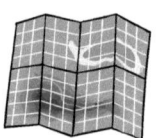
karta
xarita

košara za papir
çüp qəğəz çiləge

škola - məktəp

putovanje
səyəxət

hotel
qunaqxanə

prenoćište
hostel

mjenjačnica
valūta bürosı

kofer
baul

auto
maşina

jezik
tel

da / ne
əye / yuq

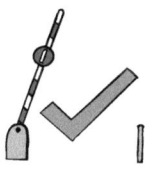

okay
yarar

zdravo
isənmesez

prevoditelj
tərceməçe

hvala
Rəxmət

putovanje - səyəxət

Koliko košta...?	ne razumijem	problem
... küpme tora?	min añlamıym	problem

dobro veče!	Dobro jutro!	Laku noć!
Xəyerle kiç!	Xəyerle irtə!	Tınıç yoqı!

doviđenja	smjer	prtljaga
saw bulığız	yünəleş	bagaj

torba	ruksak	gost
buqça	biştər	qunaq

soba	vreća za spavanje	šator
bülmə	yoqı qapçığı	çatır

putovanje - səyəxət

turističke informacije
turist məğlümətə

plaža
qomsal

kreditna kartica
kredit kərte

doručak
irtənge aş

ručak
töşlek

večera
kiçke aş

karta za vožnju
bilet

dizalo
lift

poštanska markica
marka

granica
çik

carina
tamğaxanə

ambasada
ilçelek

viza
viza

putovnica
pasport

putovanje - səyəxət

transport
transport

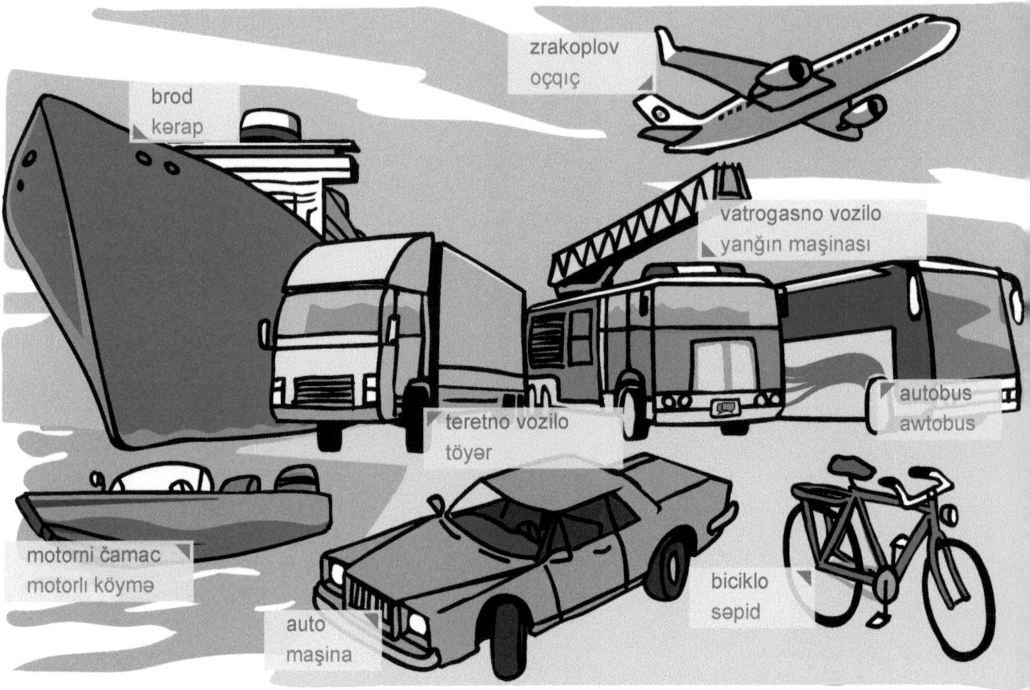

- zrakoplov / oçqıç
- brod / kərap
- vatrogasno vozilo / yanğın maşinası
- teretno vozilo / töyər
- autobus / awtobus
- motorni čamac / motorlı köymə
- auto / maşina
- biciklo / səpid

trajekt
boram

čamac
köymə

motocikl
motosiklət

policijski auto
polisə maşınası

trkaći auto
uzış maşınası

iznajmljeno auto
kiralıq maşına

dijeljenje automobila	vučno vozilo	vozilo za odvoz smeća
karşering	tartuçı	çüp töyəre

motor	benzin	benzinska postaja
motor	yağulıq	benzinlek

 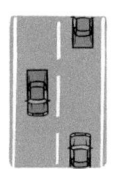 

prometni znak	promet	zastoj
trafik bilgese	xərəkət	böke

 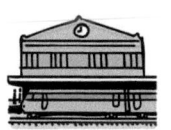 

parkiralište	kolodvor	šine
parking	stansa	rəy

 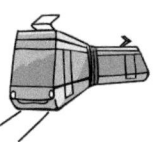 

vlak	tramvaj	vagon
trən	tramway	vagon

transport - transport

helikopter
boralaq

zrakoplovna luka
hawa alanı

toranj
manara

putnik
yulçı

kontejner
konteyner

karton
alap

kolica
yök arbası

košara
səbət

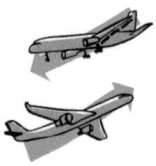
uzletjeti / sletjeti
qalqu / töşü

grad
şəhər

selo
awıl

centar grada
şəhər üzəge

kuća
yort

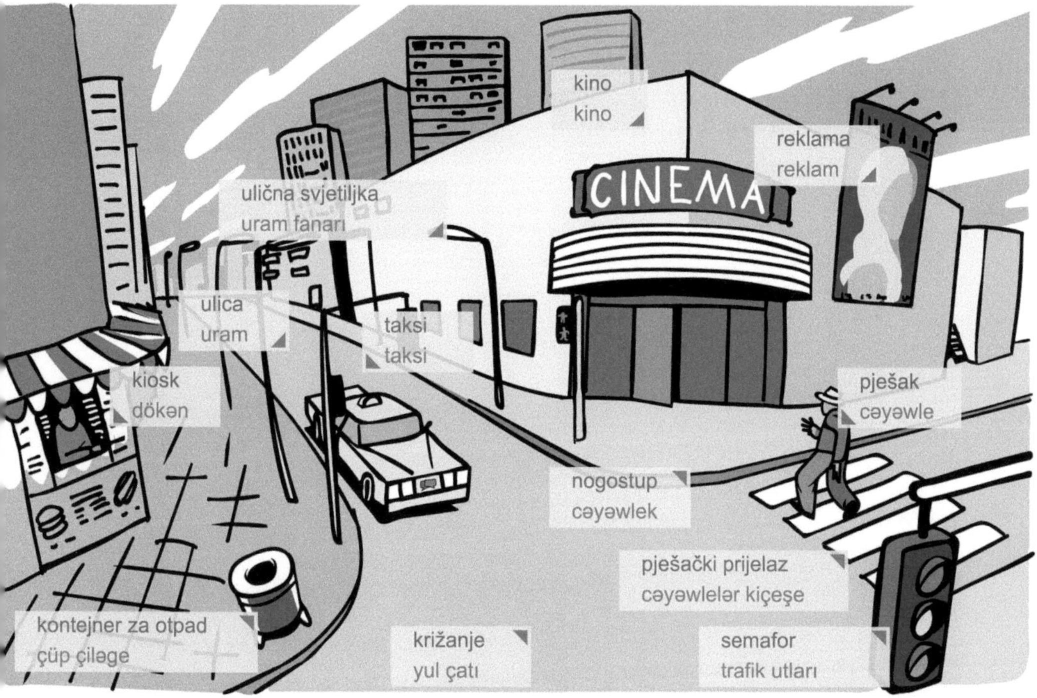

kino
kino

reklama
reklam

ulična svjetiljka
uram fanarı

ulica
uram

taksi
taksi

pješak
cəyəwle

kiosk
dökən

nogostup
cəyəwlek

pješački prijelaz
cəyəwlelər kiçeşe

kontejner za otpad
çüp çiləge

križanje
yul çatı

semafor
trafik utları

koliba
alaçıq

stan
fatir

kolodvor
stansa

vijećnica
şəhər xakimiyəte

muzej
yədkərxanə

škola
məktəp

grad - şəhər

sveučilište
universitə

banka
bank

bolnica
xastaxanə

hotel
qunaqxanə

ljekarna
daruxanə

ured
ofis

knjižara
kitap kibete

prodavaonica
kibet

cvjećara
çəçək kibete

supermarket
supermarket

trg
bazar

robna kuća
zur kibet

ribarnica
balıq kibete

trgovački centar
səwdə üzəge

luka
liman

grad - şəhər

park
park

klupa
eskəmiyə

most
küper

stepenice
basqıç

podzemna željeznica
metro

tunel
tunnel

autobusna stanica
awtobus tuqtalışı

bar
bar

restoran
restoran

poštansko sanduče
yamıl tartması

ulični znak
uram bilgese

parkirni sat
parking sanağıçı

zoološki vrt
xaywan baqçası

bazen
xəwezxanə

džamija
məçet

grad - şəhər

seosko gazdinstvo
çeftlek

zagađenje okoliša
kerlelek

groblje
zirat

crkva
çirkəw

igralište
uyın alanı

hram
ğibädätxanä

krajolik
tirə-yün

- list / yafraq
- putokaz / yul kürsətkeçe
- put / yul
- livada / bolın
- kamen / taş
- drvo / ağaç
- šetač / yöreşçe
- rijeka / yılğa
- trava / ülən
- cvijet / çəçək

dolina üzən	planina qalqulıq	jezero kül
	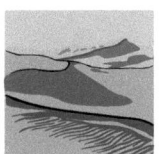	
šuma urman	pustinja çül	vulkan yanartaw

dvorac nığıtma	duga salawat küpere	gljiva gömbə

palma palma	moskito çerki	muha çeben

mrav qırmısqa	pčela bal qortı	pauk ürməküç

krajolik - tirə-yün

buba   žaba   vjeverica
qoñğız   baqa   tiyen

jež   zec   sova
kerpe   quyan   yabalaq

ptica   labud   divlja svinja
qoş   aqqoş   qaban duñğızı

jelen   los   nasip
bolan   poşıy   tuan

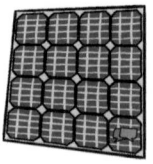

vjetrenjača   solarna ploča   klima
cir turbını   qoyaş panele   iqlim

krajolik - tirə-yün

restoran
restoran

- konobar
  tabınçı
- jelovnik
  saylaq
- stolica
  urındıq
- supa
  aş
- pica
  pitsa
- pribor za jelo
  çəneçke-pıçaq taqımı
- stolnjak
  aşyawlıq

predjelo
qabımlıq

glavno jelo
töp aşamlıq

desert
tatlı

napitci
eçemleklər

jelo
azıq

boca
şeşə

restoran - restoran

fastfood
fastfud

imbis hrana
uram rizıği

čajnik
çəygün

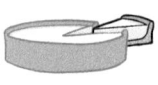

doza za šećer
şikər sawıtı

porcija
salım

aparat za espresso
espresso maşını

visoka stolica
biyek urındıq

račun
xisap

pladanj
töger

nož
pıçaq

vilica
çəneçke

žlica
qaşıq

čajna žlica
çəy qaşığı

ubrus
tastımal

čaša
tustağan

restoran - restoran

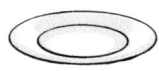  

tanjur   tanjur za supu   tanjurić
tabaq   aş tabağı   cəypək

 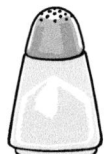 

sos   soljenka   mlin za biber
sous   toz sawıtı   borıç tegermene

  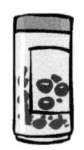

ocat   ulje   začini
serkə   sıyıq may   təmlətkeç

kečap   senf   majoneza
ketçup   xərdəl   mayonez

restoran - restoran

supermarket
supermarket

- ponuda / maxsus təqdim
- kupac / satıp aluçılar
- mliječni proizvodi / süt eşlənmələrə
- kolica za kupnju / kibet arbası
- voće / cimeş

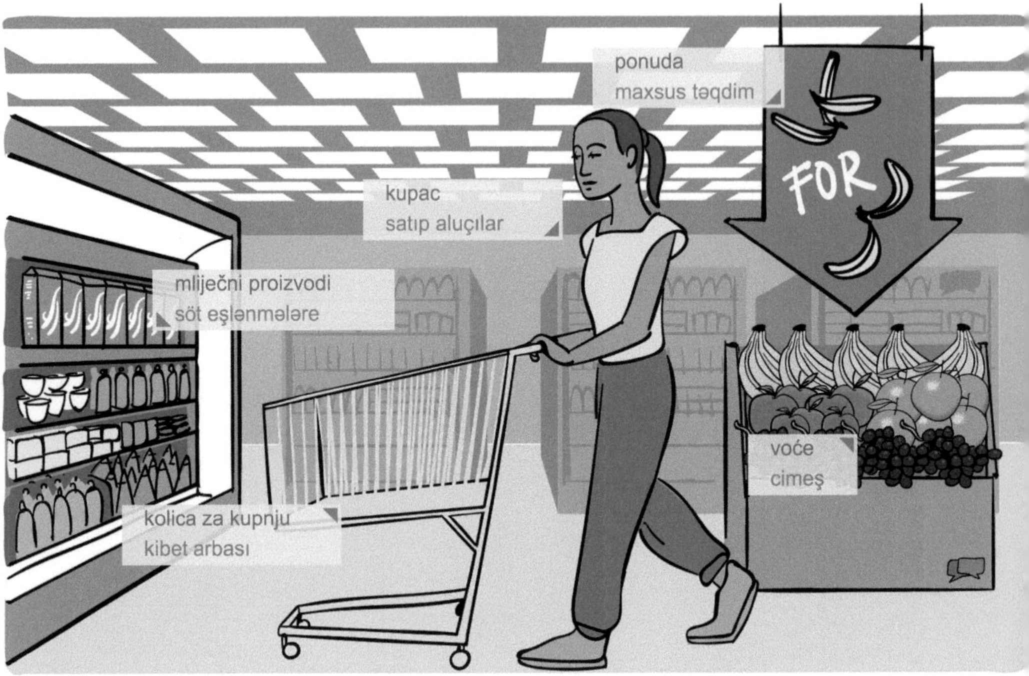

mesnica
it kibete

pekarnica
ikməkxanə

vagati
ülçəw

povrće
yəşelçə

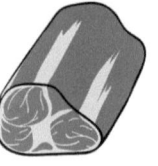

meso
it

duboko smrznuta hrana
tuñdırılğan aşamlıqlar

supermarket - supermarket

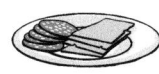
narezak
suıq it

konzerve
kənsirləngən aşamlıq

sredstvo za pranje
ker tuzı

slatkiši
şikərləmələr

artikli za domaćinstvo
öy eşlənmələre

sredstva za čišćenje
təmizlek eşlənmələre

prodavačica
satuçı

blagajna
yazuçı kassa

blagajnik
kassir

lista za kupnju
satıp alu isemlege

vrijeme rada
eş waqıtı

novčanik
qalta

kreditna kartica
kredit kərte

torba
buqça

plastična vrećica
plastik qapçıq

supermarket - supermarket

napitci
eçemləklər

voda

su

sok

sut

mlijeko

süt

cola

kola

vino

şərəb

pivo

sıra

alkohol

xəmer

kakao

kakao

čaj

çəy

kava

qəhwə

espresso

espresso

cappuccino

kapuçino

jelo
azıq

banana
banan

jabuka
alma

naranča
əflisun

lubenica
qarbız

limun
limon

mrkva
kişer

češnjak
sarımsaq

bambus
bambu

luk
suğan

gljiva
gömbə

orašasti plodovi
çikləweklər

rezanci
toqmaç

špagete	riža	salata
spagetti	döge	salat

pomfrit	pečeni krumpir	pica
çips	qızdırılğan bərəñge	pitsa

hamburger	sendvič	šnicla
hamburger	sandwiç	kətlit

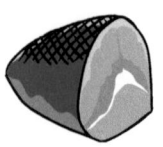  

pršut	salama	kobasica
ветчина	salami	sosis

kokoš	pečenje	riba
tawıq ite	qızdırma	balıq

zobene pahuljice
solı izməse

musli
müsli

kukuruzne pahuljice
məkkəy keterdege

brašno
on

roščić
kruassan

pecivo
ipi tügərəge

kruh
ikmək

toast
tost

keksi
kətərməç

maslac
may

svježi sir
eremçek

kolač
kəyk

jaje
yomırqa

jaje na oko
təbə

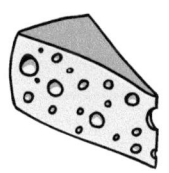

sir
pəynir

jelo - azıq

sladoled
tuñdırma

šećer
şikər

med
bal

marmelada
qaynatma

nugat krema
şokolad izməse

curry
karri

seosko gazdinstvo
çeftlek

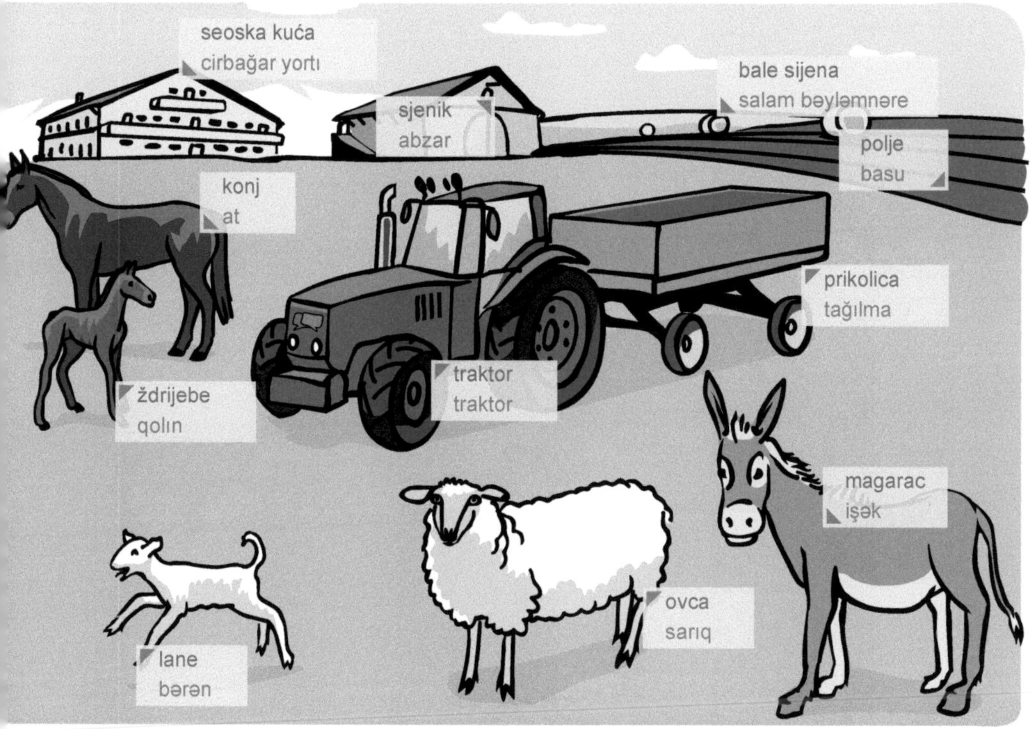

seoska kuća
cırbağar yortı

sjenik
abzar

bale sijena
salam bəyləmnərə

polje
basu

konj
at

prikolica
tağılma

ždrijebe
qolın

traktor
traktor

magarac
işək

ovca
sarıq

lane
bərən

koza
kəcə

krava
sıyır

tele
bozaw

svinja
duñğız

prase
duñğız balası

bik
ügez

guska
qaz

patka
ürdək

pilići
çebi

kokoš
tawıq

pijetao
ətəç

pacov
küse

mačka
pesi

miš
tıçqan

vol
eş ügeze

pas
et

kućica za psa
et oyası

vrtno crijevo
baqça xortumı

kanta za polijevanje
susipkeç

kosa
çalğı

plug
saban

seosko gazdinstvo - çeftlek

srp
uraq

motika
kitmən

vilica za gnojivo
sənək

sjekira
balta

tačke
qul arbası

korito
tağaraq

posuda za mlijeko
söt çiləge

vreća
qapçıq

ograda
qoyma

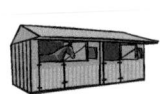
štala
abzar

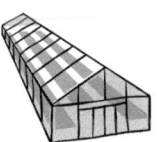
staklenik
essexanə

zemlja
tufraq

sjeme
orlıq

gnojivo
aşlama

kombajn
kombayn

seosko gazdinstvo - çeftlek

žanjati
uñış cıyarğa

žetva
uñış

yams začin
yam

pšenica
boday

soja
soya

krumpir
bərəñge

kukuruz
məkkəy

uljana repica
raps

voćka
cimeş ağaçı

gomolj manioke
manyok

žitarice
börtekleler

seosko gazdinstvo - çeftlek

kuća
yort

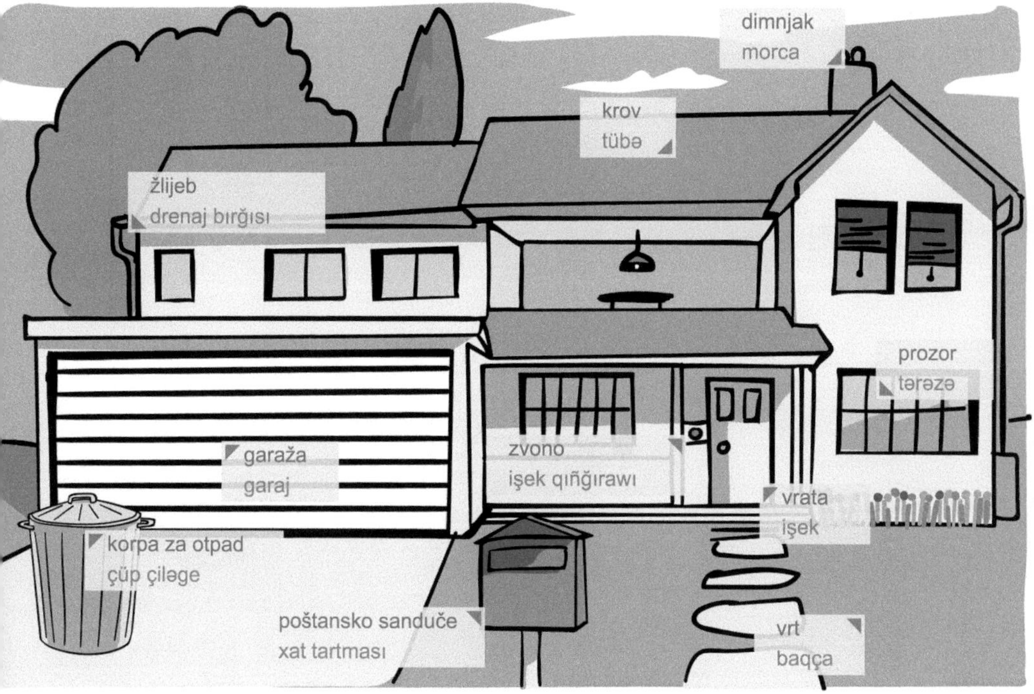

- dimnjak / morca
- krov / tübə
- žlijeb / drenaj bırğısı
- prozor / tərəzə
- garaža / garaj
- zvono / işek qıñğırawı
- vrata / işek
- korpa za otpad / çüp çiləge
- poštansko sanduče / xat tartması
- vrt / baqça

dnevna soba
qunaq bülməse

kupaonica
yuınu bülməse

kuhinja
aş bülməse

spavaća soba
yataq bülməse

dječija soba
bala bülməse

trpezarija
aş bülməse

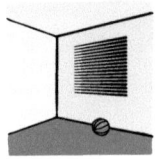

pod
idän

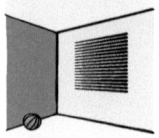

zid
diwar

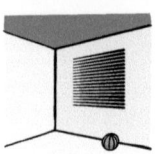

strop
tüşəm

podrum
tüle

sauna
sawna

balkon
balkon

terasa
teras

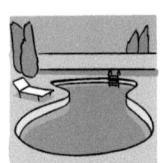

bazen
xəwez

kosilica za travu
çirəmçapqıç

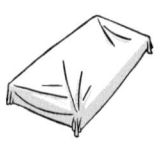

posteljina za krevet
ceymə

deka za krevet
yataq yapması

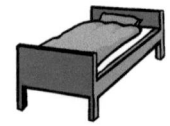

krevet
yataq

metla
seberke

kanta
çilək

sklopka
özgeç

kuća - yort

dnevna soba
qunaq bülməse

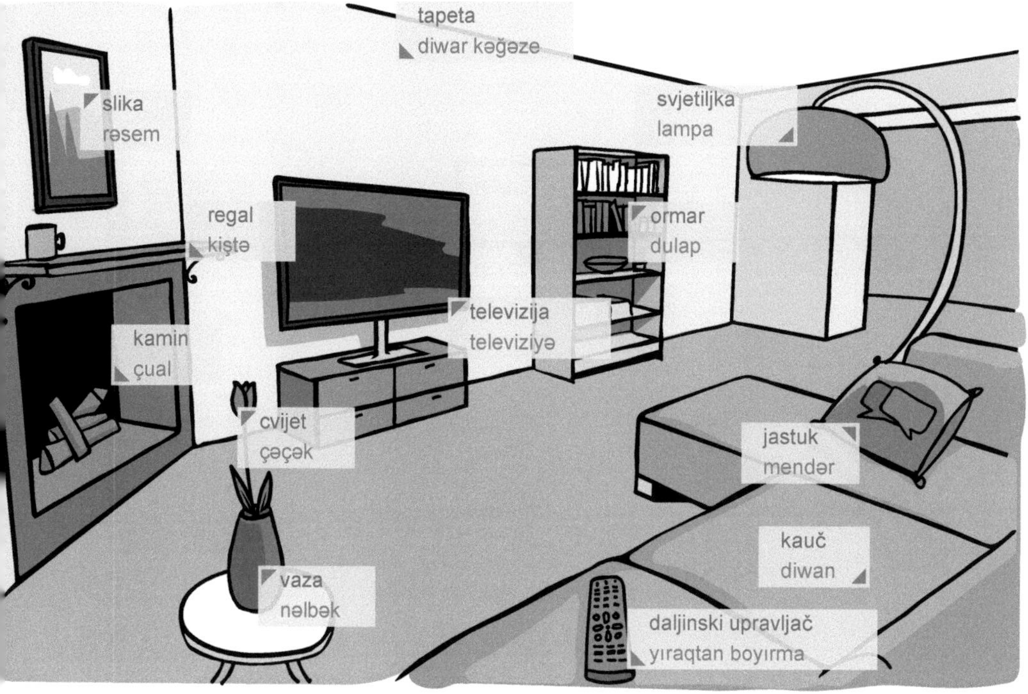

tapeta
diwar kəğəze

slika
rəsem

svjetiljka
lampa

regal
kiştə

ormar
dulap

kamin
çual

televizija
televiziyə

cvijet
çəçək

jastuk
məndər

kauč
diwan

vaza
nəlbək

daljinski upravljač
yıraqtan boyırma

tepih
keləm

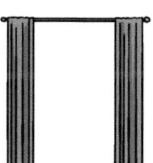

zavjesa
pərdə

stol
östəl

stolica
urındıq

stolica za njihanje
tirbəlmə urındıq

fotelja
kənəfi

dnevna soba - qunaq bülməse

knjiga
kitap

deka
yapma

dekoracija
dekor

drvo za ogrjev
utın

film
film

stereo uređaj
hi-fi

ključ
açqıç

novine
gəcit

slika na platnu
sürət

poster
poster

radio
radio

blok za pisanje
quyın dəftərə

usisavač
tuzansuırğıç

kaktus
kaktus

svijeća
şəm

dnevna soba - qunaq bülməse

kuhinja
aş bülməse

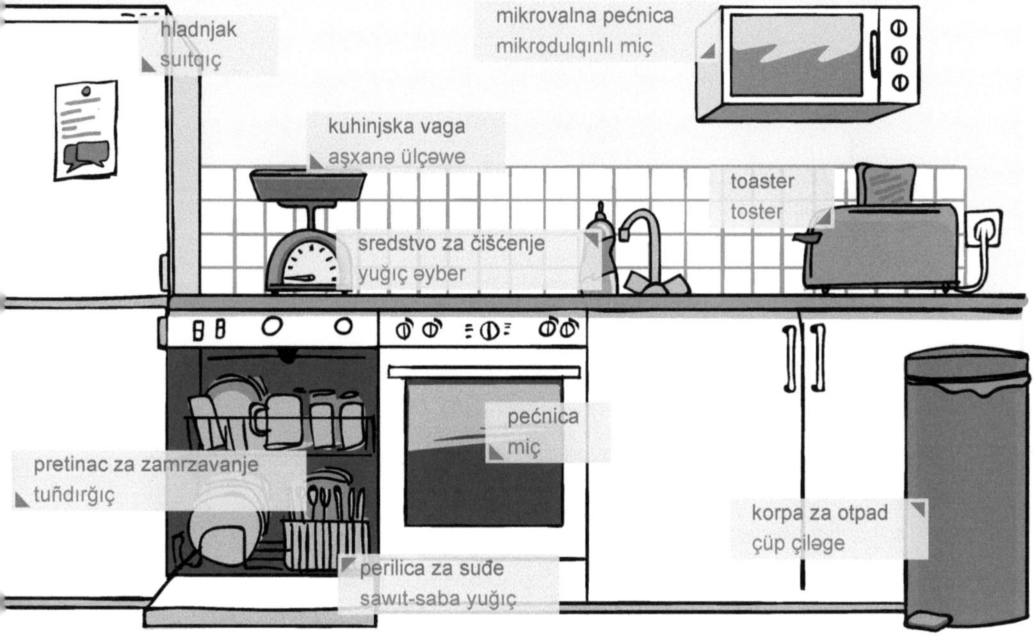

- hladnjak / suıtqıç
- mikrovalna pećnica / mikrodulqınlı miç
- kuhinjska vaga / aşxanə ülçəwe
- toaster / toster
- sredstvo za čišćenje / yuğıç əyber
- pećnica / miç
- pretinac za zamrzavanje / tuñdırğıç
- korpa za otpad / çüp çiləge
- perilica za suđe / sawıt-saba yuğıç

štednjak
əwsək

lonac
sağan

željezni lonac
çuyın sağan

wok / kadai
wok

tava
taba

kuhalo za vodu
çəygün

kuhalo na paru

bulı peşergeç

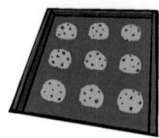

lim za pečenje

qalay

posuđe

sawıt-saba

čaša

təgəç

zdjela

kəsə

štapići za jelo

aşaw tayaqçıqları

kutljača

ucaw

lopatica

spatula

pjenjača

tuğlağıç

sito za kuhanje

sözgeç

sito

ilək

ribež

qırğıç

mužar

kile

roštilj

barbekü

ognjište

açıq uçaq

kuhinja - aş bülməse

daska
taqta

oklagija
uqlaw

vadičep
böke suırğıç

konzerva
metal tartma

otvarač konzervi
kənsir açqıç

krpa za lonac
miç biyələye

sudoper
kirşən

četka
fırça

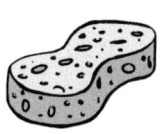

spužva
bolıt

mikser
blender

zamrzivač
tirən tuñdırğıç

bočica za bebe
imezlekle şeşə

slavina za vodu
çömək

kuhinja - aş bülməse

kupaonica
yuınu bülməse

- grijanje / cılıtu
- tuš / duş
- ručnik / sölge
- zavjesa za tuš / duş pərdəse
- pjenušava kupka / kübekle vanna
- kada / vanna
- čaša / tustağan
- perilica za rublje / ker yuğıç
- pločice / fayans
- slavina za vodu / çömək
- dječja kahlica / lazemlek
- sudoper / kirşən

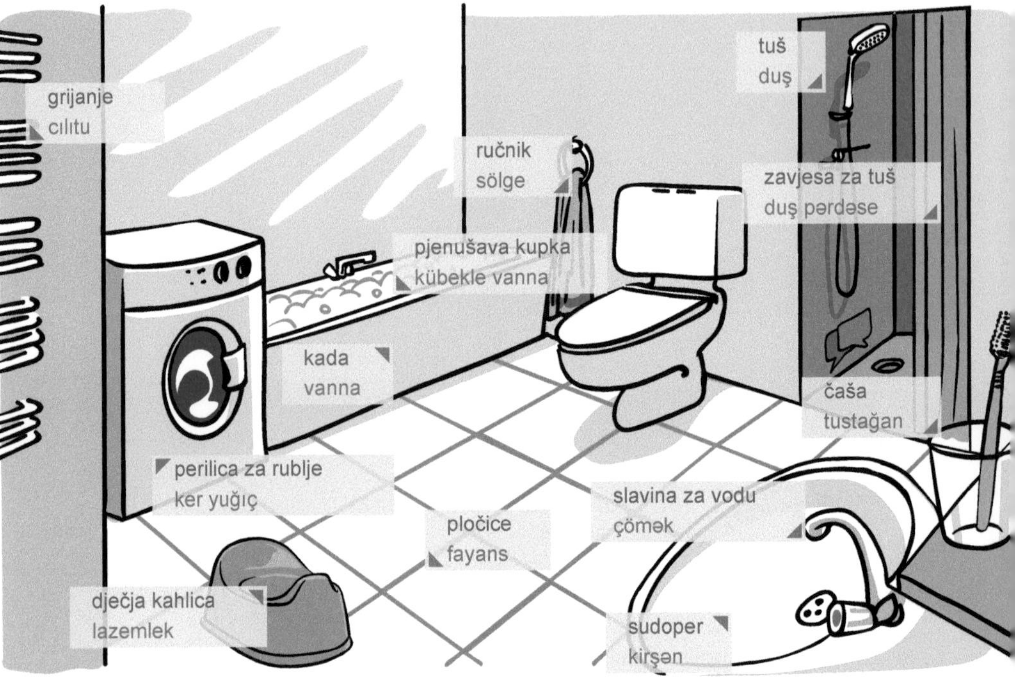

toalet
bədrəf

čučavac
törekçə bədrəf

bidet
bide

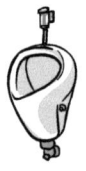

pisoar
pissuar

papir za toalet
bədrəf kəğəze

četka za toalet
bədrəf fırçası

kupaonica - yuınu bülməse

četkica za zube
teş fırçası

pasta za zube
teş məğcüne

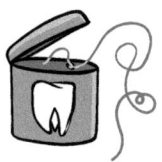
konac za zube
teş cebe

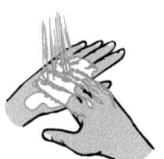
prati
yuarğa

tuš ručica
duş başlığı

tuš za pranje intimnih dijelova
duş

lavor
kirşən

četka za pranje leđa
arqa fırçası

sapun
sabın

gel za tuširanje
duş señəle

šampon
şampun

krpa za pranje
munçala

odvod
ağım

krema
krem

dezodorans
dezodorant

kupaonica - yuınu bülməse

ogledalo
közge

kozmetičko ogledalo
qul közgese

brijač
östərə

pjena za brijanje
qırınu kübege

losion za poslije brijanja
qırınu losyonı

češalj
taraq

četka
fırça

sušilo za kosu
fön

sprej za kosu
çəç sprəye

makeup
makiyaj

ruž za usne
iren innege

lak za nokte
tırnaq cələse

vata
mamıq

škare za nokte
tırnaq qayçısı

parfem
xuşbuy

kupaonica - yuınu bülməse

neseser
makiyaj buqçası

stolica
utırğıç

vaga
ülçəw

ogrtač
çoba

rukavice za čišćenje
rezin iləsə

tampon
tampon

uložak
higiyenik pəd

kemijski toalet
kimiyəwi bədrəf

kupaonica - yuınu bülməse

dječija soba
bala bülməse

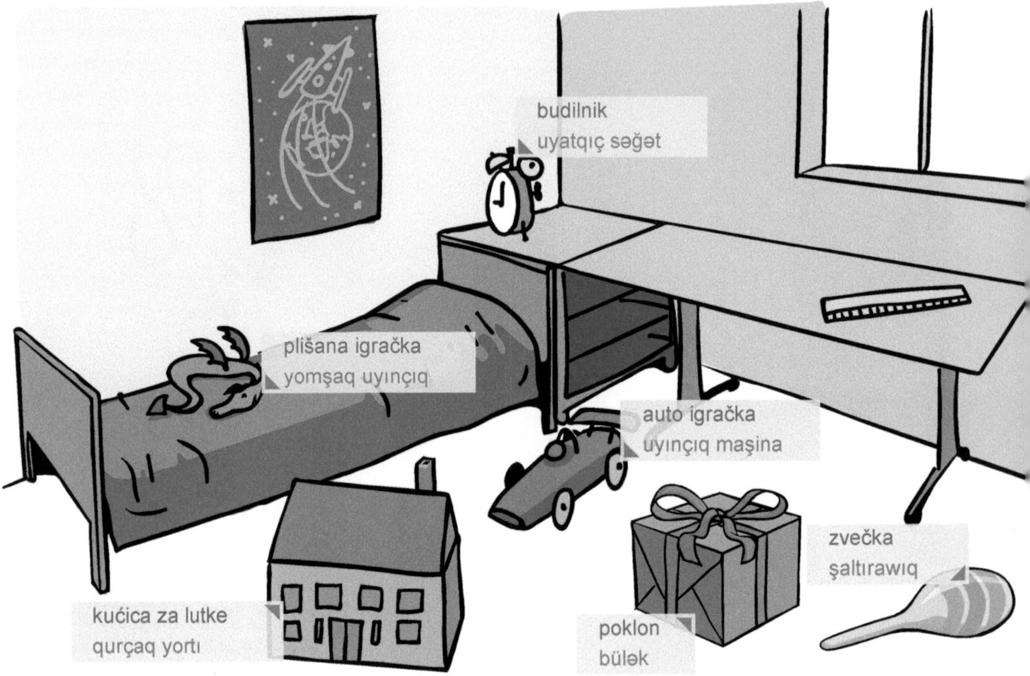

budilnik
uyatqıç səğət
plišana igračka
yomşaq uyınçıq
auto igračka
uyınçıq maşina
zvečka
şaltırawıq
kućica za lutke
qurçaq yortı
poklon
bülək

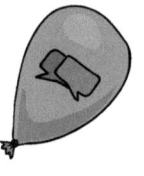

balon
hawa şarı

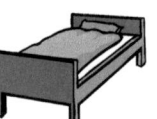

krevet
yataq

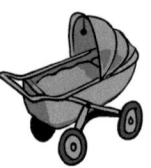

dječija kolica
bəbi arbası

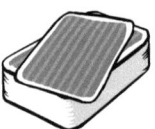

igra s kartama
kərt dəstəse

slagalica
pazl

SUPER
MEGA
strip
komiks

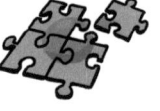

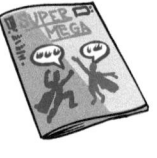

lego kockice
lego kirpeçləre

kockice za slaganje
şaqmaqlar

akcioni junak
uyın sınçığı

kombinezon za bebe
zıbın

frizbi
frisbi

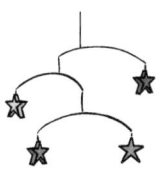
viseće igračke
mobil

društvene igre
östəl uyını

kocka
uyın taşı

minijaturna željeznica
trən modele cıyılması

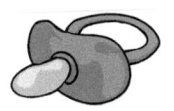
duda
imezlek

tulum
kiçə

slikovnica
rəsemle kitap

lopta
tup

lutka
qurçaq

igrati
uynarğa

dječija soba - bala bülməse

pješčanik
qomlıq

ljuljačka
tağan

igračka
uyınçıqlar

konzola za igre
uyın quşması

tricikl
öç köpçəkle səpid

plišani medo
uyınçıq ayu

ormar
kiyem dulabı

odjeća
kiyem

kratke čarape
oyıqbaş

čarape
oyıq

hulahopke
oyığıştan

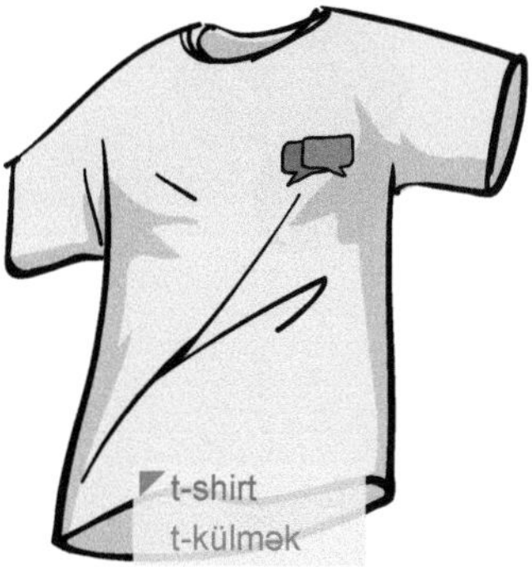

šal
šarf

kišobran
qulçatır

t-shirt
t-külmək

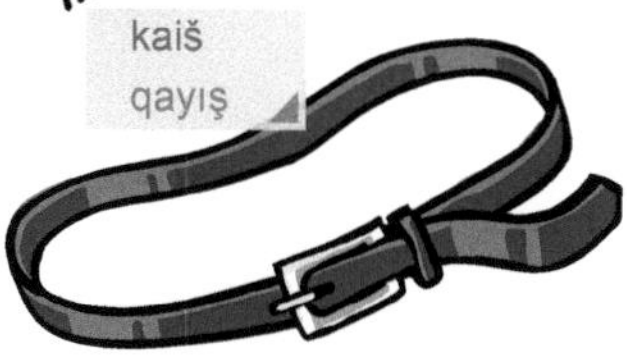

kaiš
qayış

patike
sport ayaq kiyeme

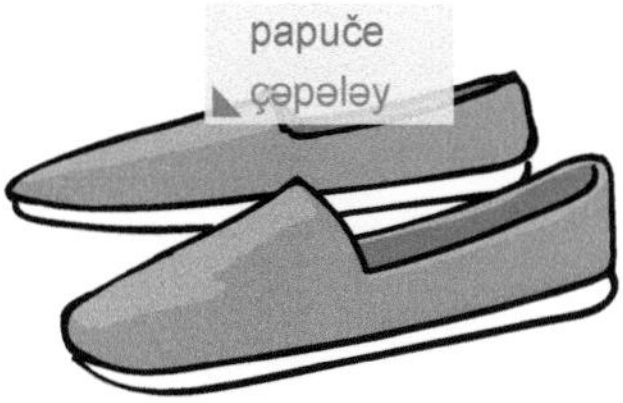

čizme
itek

papuče
çəpələy

sandale
sandallar

cipele
ayaq kiyeme

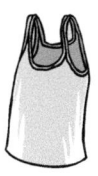

gumene čizme
rezin itek

gaćice
tənban

grudnjak
tüşti

potkošulja
cələk

odjeća - kiyem

bodi — bodi
hlače — çalbar
džins — jins

haljina — itək
bluza — bluz
košulja — külmək

džemper — sviter
pulover s kapuljačom — hudi
blejzer — bleyzer

jakna — jaket
kaput — bişmət
kabanica — yañğırlıq

kostim — kəçtüm
haljina — külmək
vjenčanica — tuy külməge

odjeća - kiyem

odijelo	spavaćica	pidžama
taqım kiyem	tönge külmək	pijama

sari	rubac	turban
sari	yawlıq	çalma

burka	kaftan	abaja
burqa	çapan	abaya

kupaći kostim	kupaće gaćice	kratke hlače
qoyınu kiyeme	yözü tənbanı	şort

odjeća za trening	pregača	rukavice
sport kiyeme	alyapqıç	iləsə

odjeća - kiyem

gumb
töymə

naočale
küzlek

narukvica
beləzek

ogrlica
muyınsa

prsten
baldaq

naušnica
alqa

kapa
kəpəç

vješalica
elgeç

šešir
eşləpə

kravata
muyınbaw

patent zatvarač
zıncır

kaciga
oçlam

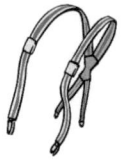

naramenice
çalbar asması

školska uniforma
məktəp forması

uniforma
forma

odjeća - kiyem

  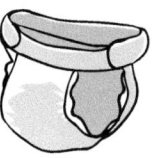

podbradak	duda	pelena
balalar kükrəkçəse	imezlek	küzələ

ured
ofis

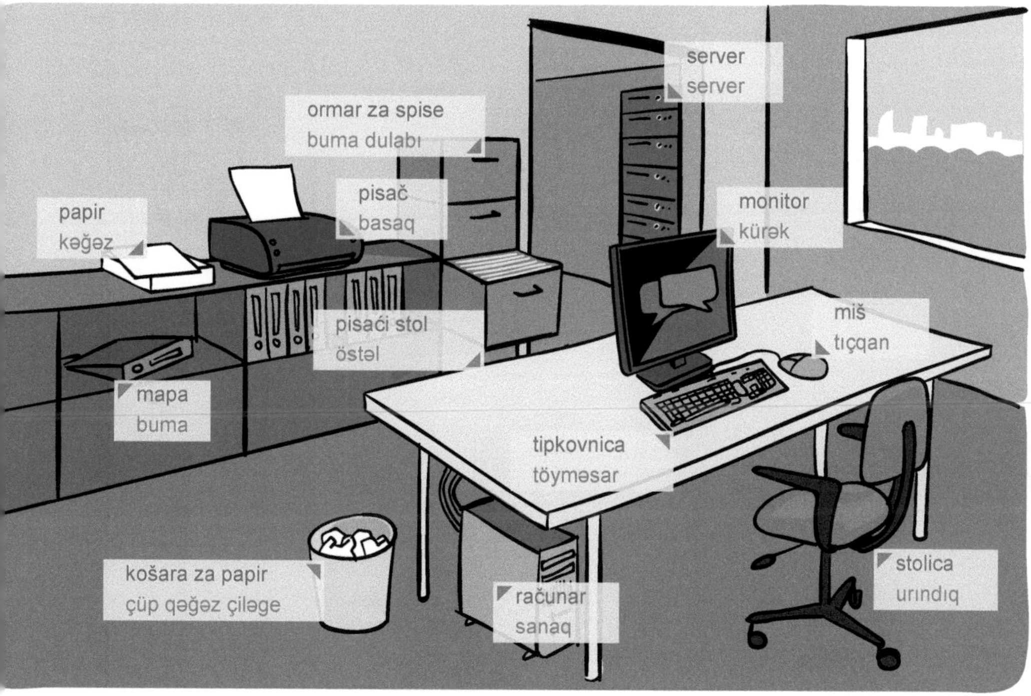

- server / server
- ormar za spise / buma dulabı
- pisač / basaq
- monitor / kürək
- papir / kəğəz
- miš / tıçqan
- pisaći stol / östəl
- mapa / buma
- tipkovnica / töyməsar
- košara za papir / çüp qəğəz çiləge
- računar / sanaq
- stolica / urındıq

šalica za kavu	kalkulator	internet
qəhwə təgəçe	sansanar	internet

laptop
ləptop

pismo
xat

poruka
xəbər

mobilni telefon
kesə telefonı

mreža
çeltər

uređaj za kopiranje
fotokopyaçı

softver
program təminatı

telefon
telefon

utičnica
ayırğıç

faks
faks

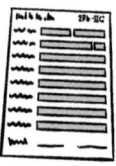

obrazac
form

dokument
dokument

gospodarstvo
iqtisad

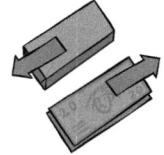
kupovati
satıp alırğa

platiti
tülergə

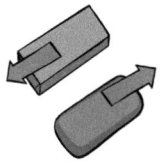
trgovati
səwdə itergə

novac
aqça

 USD

dolar
dollar

 EUR

euro
euro

 JPY

jen
yen

 RUB

rubalj
sum

 CHF

švicarski franak
frank

CNY
renmindbi yuan
yuan

 INR

rupija
rupi

automat za novac
bankomat

mjenjačnica
valüta bürosı

zlato
altın

srebro
kömeş

nafta
qaramay

energija
energiyə

cijena
bəyə

ugovor
kontrakt

porez
salım

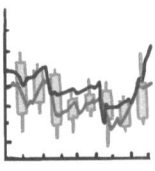
dionica
stok

raditi
eşlərgə

službenik
eşçe

poslodavac
eş birüçe

tvornica
fabrika

prodavaonica
kibet

gospodarstvo - iqtisad

zanimanja
hönərlər

policajac
polisə xezmətkəre

vatrogasac
yanğın sünderüçe

kuhar
aşçı

liječnik
tabib

pilot
oçuçı

vrtlar
baqçaçı

stolar
ağaç ostası

krojačica
tegüçe

sudija
xökemçe

kemičar
kimiyəçe

glumac
aktor

zanimanja - hönərlər

vozač autobusa

awtobus yörtüçe

vozač taksija

taksiçe

ribar

balıqçı

čistačica

cıyıştıruçı xatın

krovopokrivač

tübə yabuçı

konobar

tabınçı

lovac

awçı

slikar

rəssam

pekar

ikməkçe

električar

elektrçı

građevinski radnik

tözüçe

inženjer

möhəndis

mesar

itçe

limar

çöməkçe

poštar

yamılçı

zanimanja - hönərlər

vojnik	arhitekta	blagajnik
ğəskəri	miğmar	kassir

cvjećar	frizer	kondukter
çəçəkçe	çəçtaraş	konduktor

mehaničar	kapetan	zubar
mekanik	kapitan	teş tabibı

znanstvenik	rabi	imam
ğalim	rabbi	imam

monah	svećenik
kəşiş	ruxani

zanimanja - hönərlər

alati
ələtlər

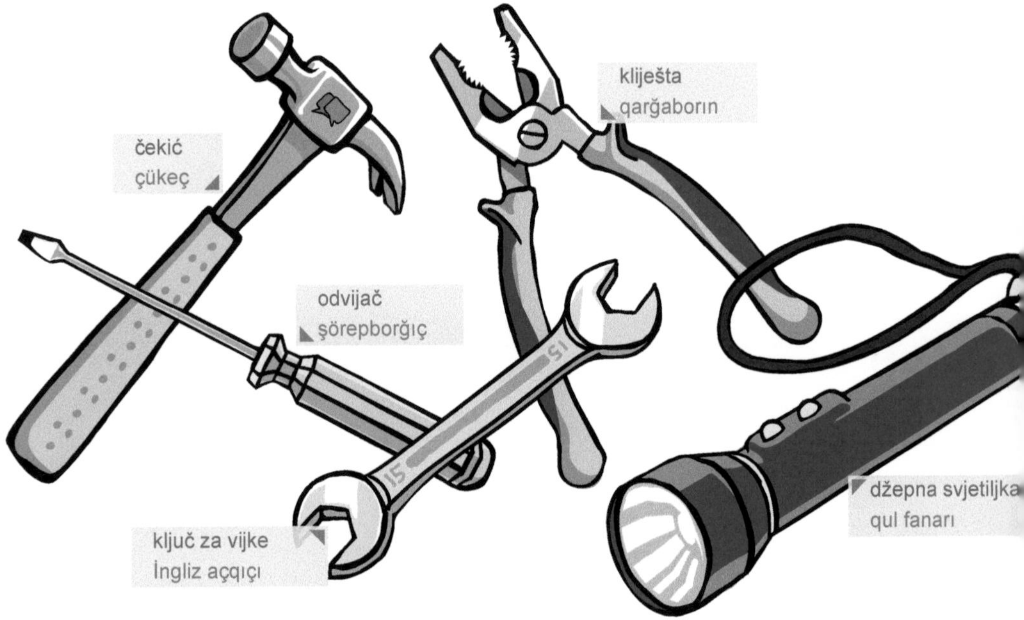

čekić
çükeç

kliješta
qarğaborın

odvijač
şörepborğıç

ključ za vijke
İngliz açqıçı

džepna svjetiljka
qul fanarı

rovokopač
qazu maşinası

kutija za alat
ələt buqçası

ljestve
basqıç

pila
pıçqı

ekser
qadaqlar

bušilica
dril

popraviti
tözətergə

lopata
körək

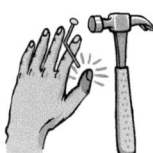

Sranje!
Şaytan alğırı!

lopatica
sosqı

lonac za boju
buyaw sawıtı

vijci
mıqlar

glazbeni instrument
muzıka alətləre

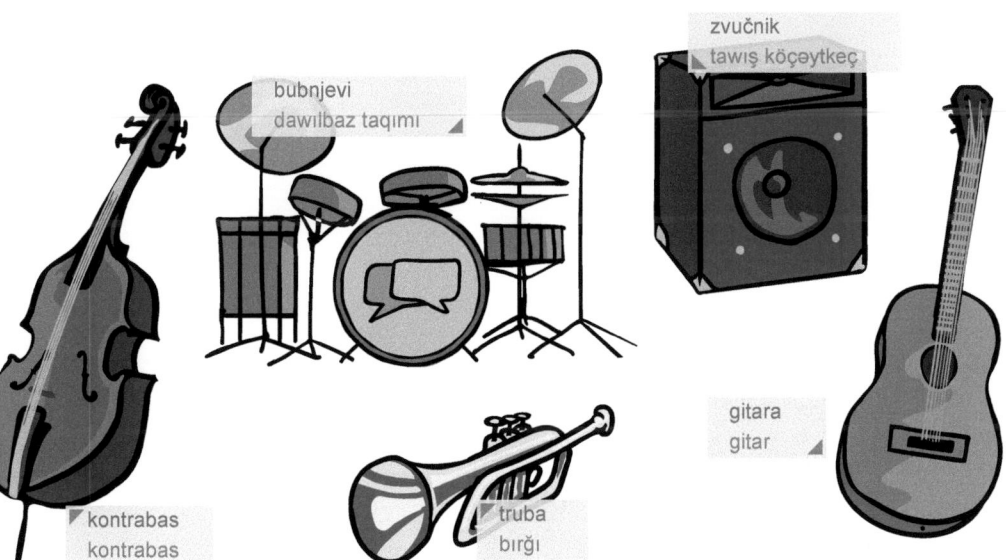

zvučnik
tawış köçəytkeç

bubnjevi
dawılbaz taqımı

gitara
gitar

kontrabas
kontrabas

truba
bırğı

glazbeni instrument - muzıka alətləre

| klavir | violina | bas |
| piano | kəmən | bas gitar |

| timpani | udaraljke za bubnjeve | keyboard |
| timpani | dawılbaz | töyməsar |

| saksofon | flauta | mikrofon |
| saksofon | flüt | mikrofon |

glazbeni instrument - muzıka alətləre

zoološki vrt
xaywan baqçası

- ulaz / kerü
- tigar / yulbarıs
- kavez / çitlek
- zebra / zebra
- hrana za životinje / terlek azığı
- panda / panda

životinje
xaywannar

slon
fil

kengur
köngerə

nosorog
kərkədən

gorila
gorilla

medvjed
ayu

kamila
döyə

noj
təwə qoşı

lav
arıslan

majmun
maymıl

flamingo
flamingo

papagaj
tutıy qoş

polarni medvjed
aq ayu

pingvin
pingwin

ajkula
küpek balığı

paun
tawis

zmija
yılan

krokodil
timsax

čuvar u zoološkom vrtu
xaywan baqçası
xezmətkəre

tuljan
suete

jaguar
yaguar

zoološki vrt - xaywan baqçası

poni
poni

leopard
qaplan

nilski konj
su ayğırı

žirafa
zörəfə

orao
börket

divlja svinja
qaban duñğızı

riba
balıq

kornjača
taşbaqa

morž
morşa

lisica
tölke

gazela
ğəzəl

zoološki vrt - xaywan baqçası

šport
sport törləre

aktivnosti
itkenleklər

- skočiti / sikerergə
- smijati se / kölərgə
- zagrliti / qoçaqlarğa
- pjevati / cırlarğa
- ići / yörergə
- moliti se / ğibədət qılırğa
- poljubiti / übərgə
- sanjati / xıyallanırğa

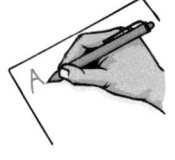

pisati
yazarğa

crtati
rəsem yasarğa

pokazati
kürsətergə

gurati
etərgə

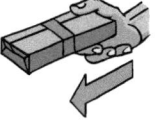

dati
birergə

uzeti
alırğa

imati
iyə bulırğa

činiti
eşlərgə

biti
bulırğa

stojati
basıp torırğa

trčati
yögerergə

povlačiti
tartırğa

baciti
taşlarğa

padati
yığılırğa

ležati
yatarğa

čekati
kötərgə

nositi
taşırğa

sjediti
utırırğa

oblačiti
kiyenergə

spavati
yoqlarğa

probuditi se
uyanırğa

aktivnosti - itkenleklər

gledati
qararğa

plakati
yılarğa

milovati
sıyparğa

češljati
tararğa

govoriti
söyləşergə

razumjeti
añlarğa

pitati
sorarğa

slušati
tıñlarğa

piti
eçərgə

jesti
aşarğa

pospremiti
cıyıştırınırğa

voljeti
söyərgə

kuhati
peşerergä

voziti
sörergə

letjeti
oçarğa

aktivnosti - itkenleklər

ploviti
diñgezgə açılu

računati
isəpləw

čitati
uqırğa

učiti
öyrənergə

raditi
eşlərgə

vjenčati se
öylənergə

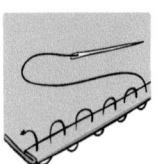

šiti
tegərgə

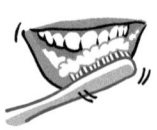

prati zube
teş fırçalarğa

ubiti
üterergə

pušiti
təməke tartırğa

poslati
cibərergə

aktivnosti - itkenleklər

obitelj
ğailə

baka / əbi
djed / babay
otac / ata
majka / ana
beba / sabıy
kćerka / qız
sin / ul

gost
qunaq

tetka
apa

ujak, stric
abıy

brat
abıy / ene

sestra
apa / seňel

tijelo
tən

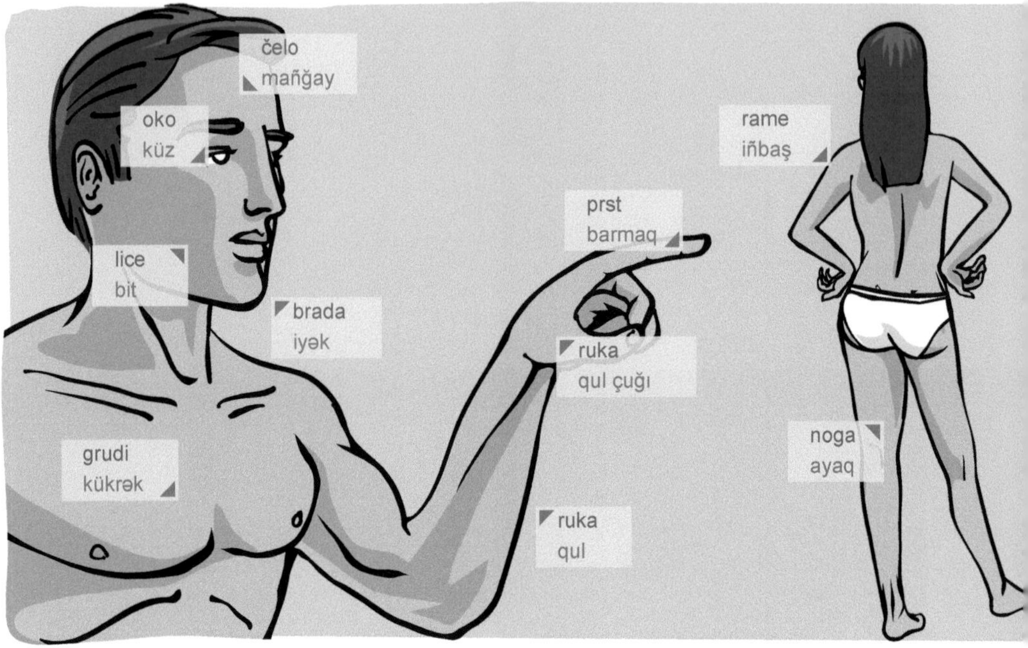

čelo
mañğay

oko
küz

rame
iñbaş

prst
barmaq

lice
bit

brada
iyək

ruka
qul çuğı

grudi
kükrək

noga
ayaq

ruka
qul

beba

sabıy

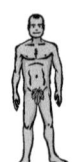

muškarac

ir

žena

xatın

djevojčica

qız

dječak

malay

glava

baš

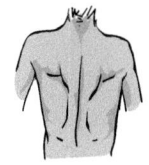

leđa
arqa

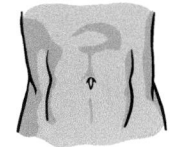

trbuh
eç

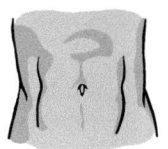

pupak
kendek

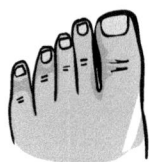

nožni prst
ayaq barmağı

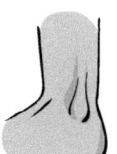

peta
ükçə

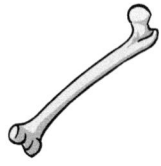

kost
söyək

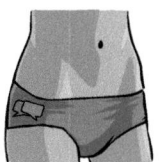

kuk
bot

koljeno
tez

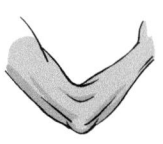

lakat
tersək

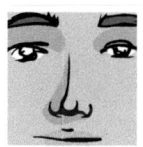

nos
borın

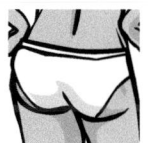

stražnjica
art san

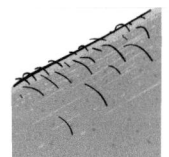

koža
tire

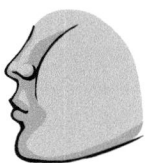

obraz
yañaq

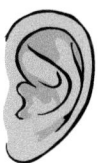

uho
qolaq

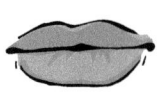

usna
iren

tijelo - tən

usta
awız

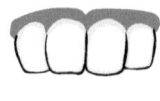
zub
teş

jezik
tel

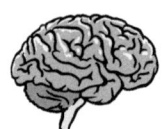
mozak
mi

srce
yörək

mišić
ğəzlə

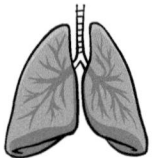
pluća
üpkə

jetra
bawır

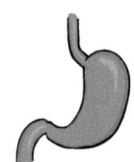
želudac
aşqazanı

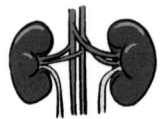
bubrezi
böyerlər

snošaj
seks

kondom
prezervativ

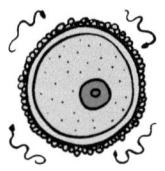
jajna stanica
kükəy küzənək

sperma
məni

trudnoća
kömən

tijelo - tən

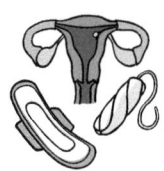
menstruacija
kürem

vagina
vagina

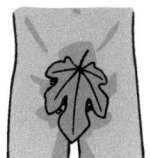
penis
penis

obrva
qaş

kosa
çəçlər

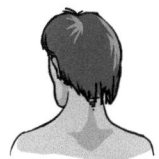
vrat
muyın

tijelo - tən

bolnica
xastaxanə

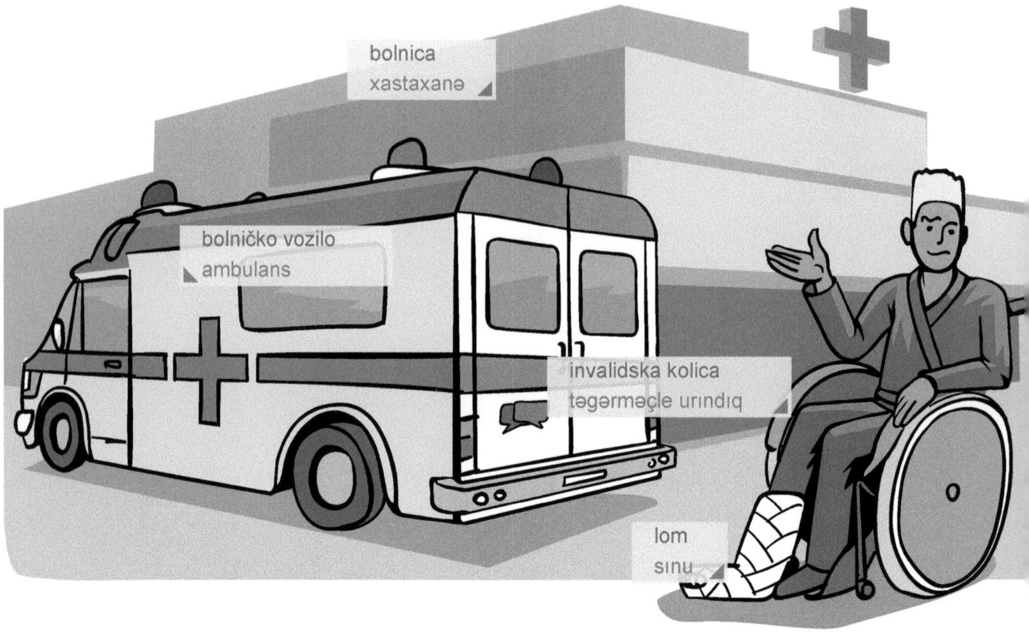

- bolnica / xastaxanə
- bolničko vozilo / ambulans
- invalidska kolica / təgərməcle urındıq
- lom / sınu

liječnik
tabib

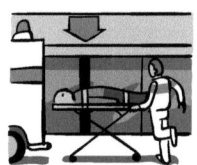
hitna medicinska služba
aşığıç yərdəm bülməse

medicinska sestra
şəfqət tutaşı

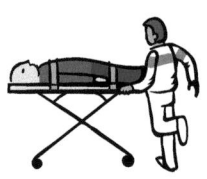
hitni slučaj
kiçektergesez xəl

nesvijest
añsız

bol
awırtu

bolnica - xastaxanə

ozljeda

cərəxətlənü

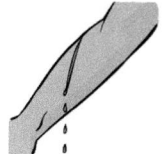

krvarenje

qan ağu

srćani infarkt

infarkt

moždani udar

insult

alergija

allergiyə

kašalj

yütəl

groznica

qızu

gripa

grip

proljev

eç kitü

glavobolja

baş awırtu

rak

yaman şeş

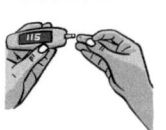

dijabetes

diabet

kirurg

xirurg

skalpel

skalpel

operacija

ğəməliyət

bolnica - xastaxanə

ct
ST

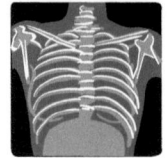

rentgen
röntgen

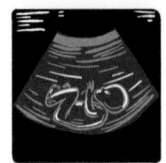

ultrazvuk
ultratawış

maska
bitlek

bolest
awıru

čekaonica
kötü bülməse

štaka
qultıq tayağı

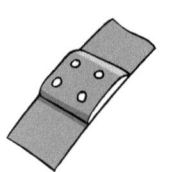

flaster
plaster

zavoj
bəyləweç

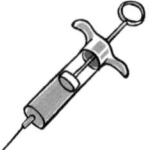

injekcija
qadaw

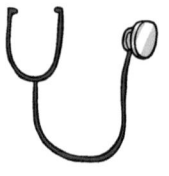

stetoskop
stetoskop

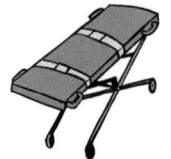

nosilo
sədiyə

termometar
klinik termometr

rođenje
tuu

prekomjerna težina
artıq awırlıq

bolnica - xastaxanə

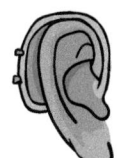  

slušni aparat	sredstvo za dezinfekciju	infekcija
işetü cihazı	dezinfektant	yoğış

virus	hiv / sida	medicina
virus	KİV / BİDS	daru

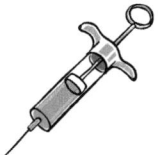 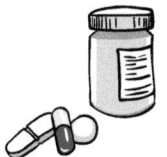 

vakcinacija	tablete	pilula
vaksinalanu	tabletlər	kontraseptiv tablet

poziv u pomoć	uređaj za mjerenje tlaka	bolesno / zdravo
aşığıç çaqıru	qan basımı ülçəgeçe	awıru / sələmət

bolnica - xastaxanə

hitni slučaj
kiçektergesez xəl

| pomoć! | alarm | nasrtaj |
| Qotqarığız! | xəwef tawışı | höcüm |

| napad | opasnost | izlaz za nuždu |
| höcüm | qurqınıç | aşığıç çığu |

| požar! | vatrogasni aparat | nezgoda |
| Yanğın! | ut sündergeç | qaza |

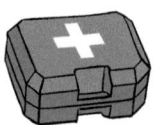  

| kofer prve pomoći | sos | policija |
| berençe yərdəm buqçası | SOS | polisə |

zemlja
Cir

Europa sjeverna amerika južna amerika
Awrupa Tönyaq Amerika Könyaq Amerika

Afrika Azija Australija
Afrika Asya Awstralya

  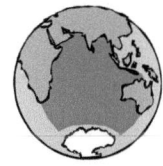

Atlantik Pacifik ocean
Atlantik okean Tın okean Hind okeanı

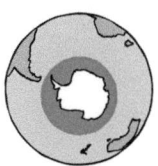  

antarktički ocean arktički ocean sjeverni pol
Antarktik okean Arktik okean Tönyaq qotıp

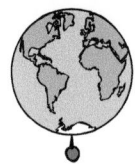  

| južni pol | Antarktik | zemlja |
| Könyaq qotıp | Antarktika | Cir |

| zemlja | more | otok |
| qorı cir | diñgez | utraw |

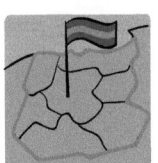 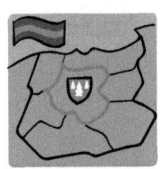

| nacija | država |
| millət | dəwlət |

sat
səğət

brojčanik sata
səğət bite

satna kazaljka
səğət uğı

minutna kazaljka
minut uğı

sekundna kazaljka
sekund uğı

Koliko je sati?
Səğət niçə?

dan
kön

vrijeme
waqıt

sada
xəzer

digitalni sat
dijital səğət

minuta
minut

sat
səğət

tjedan
atna

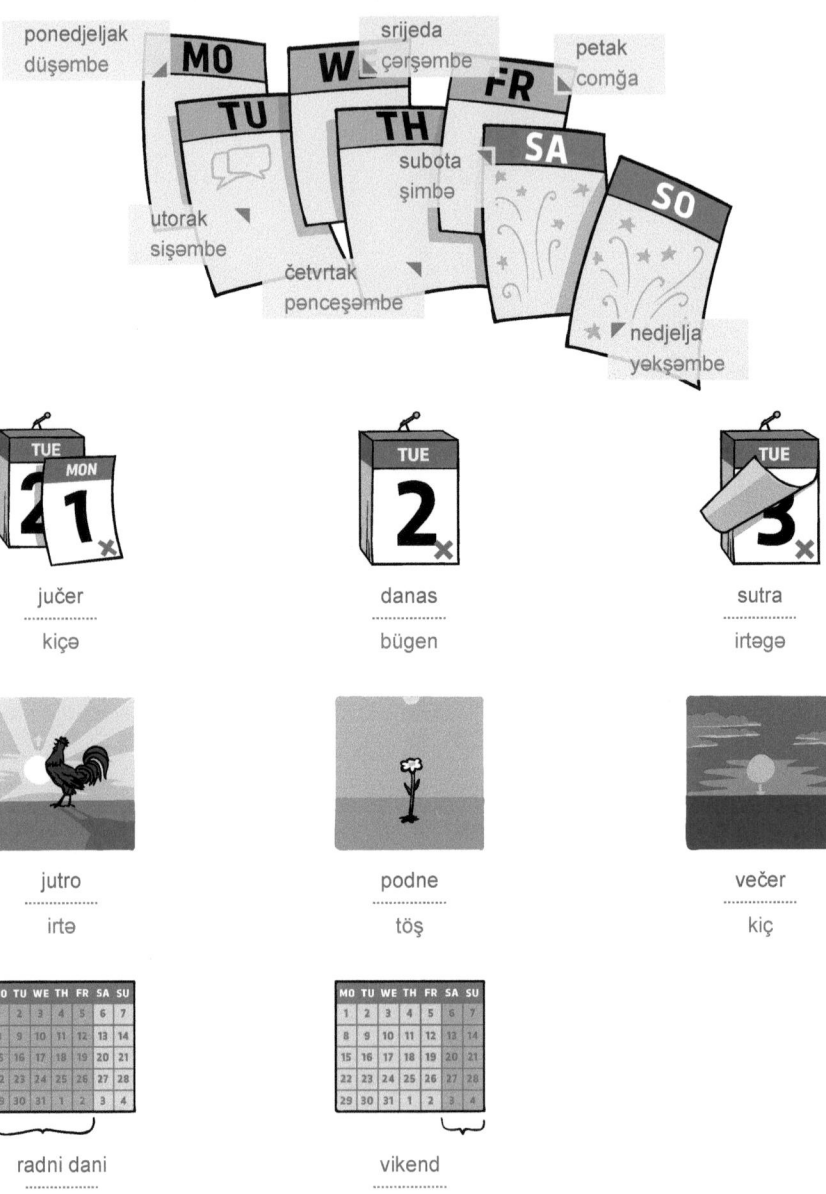

ponedjeljak / düşəmbe
srijeda / çərşəmbe
petak / comğa
utorak / sişəmbe
četvrtak / pənceşəmbe
subota / şimbə
nedjelja / yekşəmbe

jučer / kiçə
danas / bügen
sutra / irtəgə

jutro / irtə
podne / töş
večer / kiç

radni dani / eş könnəre
vikend / yal könnəre

godina

yıl

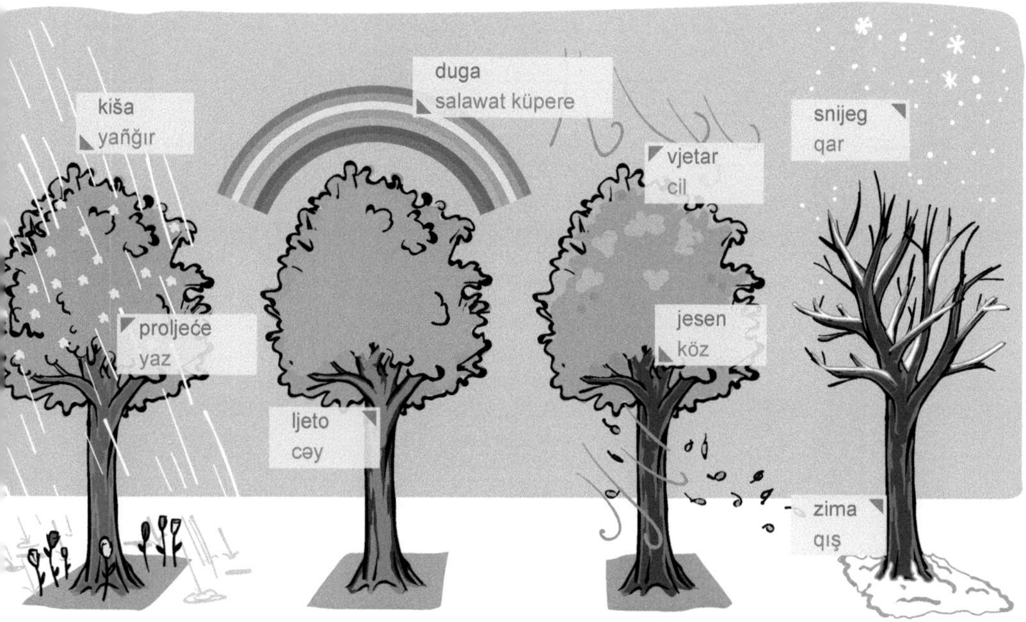

kiša
yañğır
duga
salawat küpere
snijeg
qar
vjetar
cil
proljeće
yaz
jesen
köz
ljeto
cəy
zima
qış

4.APRIL 11°
5.APRIL 4°
6.APRIL 13°
7.APRIL 8°
8.APRIL 10°

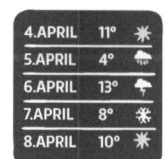

meteorološka prognoza

hawa torışı

F C
120 90 60 30 0 -30
40 30 20 10 0 -10 -20

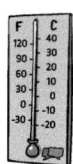

termometar

termometr

sunčana svjetlost

qoyaş yaqtısı

oblak

bolıt

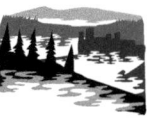

magla

toman

vlažnost zraka

dımlılıq

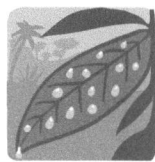

munja
yəşen

grmljavina
kük kükrəw

oluja
dawıl

tuča
boz

monsun
musson

poplava
su basu

led
boz

siječanj
Qırlaç

veljača
Aqman

ožujak
Buşay

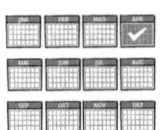

travanj
Yañarış

svibanj
Saban

lipanj
Çereşmə

srpanj
Peçən

kolovoz
Uraq

godina - yıl

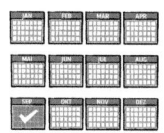
rujan
Indır

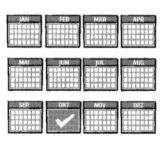
listopad
Bilek

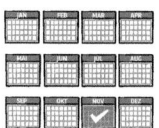
studeni
Qaraköz

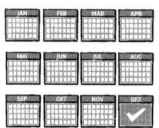
prosinac
Kerəw

oblici
şəkellər

krug
tügərək

kvadrat
dürtkel

pravokutnik
turıpoçmaq

trokut
öçpoçmaq

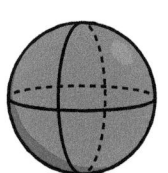
kugla
körrə

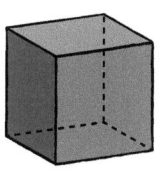
kocka
kub

boje
töslər

bijela
aq

žuta
sarı

narančasta
qızğılt sarı

ružičasta
al

crvena
qızıl

ljubičasta
şəməxə

plava
zəñgər

zelena
yəşel

smeđa
körən

siva
sorı

crna
qara

suprotnosti
qapma-qarşılıqlar

mnogo / malo • ljutito / mirno • lijepo / ružno
küp / az • usal / tınıç • matur / yəmsez

početak / kraj • veliko / maleno • svijetlo / tamno
baş / axır • zur / keçkenə • yaqtı / qarañğı

brat / sestra • čisto / prljavo • potpuno / nepotpuno
abıy, ene / apa, señel • taza / pıçraq • təmam / təmamlanmağan

dan / noć • mrtvo / živo • široko / usko
kön / tön • üle / tere • kiñ / tar

suprotnosti - qapma-qarşılıqlar 85

jestivo / nejestivo

aşarğa yaraqlı / aşarğa yaraqsız

zlo / dobro

yaman / yaxşı

uzbuđeno / dosadno

dulqınlanğan / yalıqqan

debelo / mršavo

yuan / yabıq

na početku / na kraju

berençe / soñğı

prijatelj / neprijatelj

dus / doşman

puno / prazno

tulı / buş

tvrdo / mekano

qatı / yomşaq

teško / lagano

awır / ciñel

glad / žeđ

açlıq / susaw

bolesno / zdravo

awıru / sələmət

ilegalno / legalno

qanunsız / qanunlı

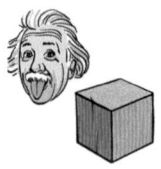

pametno / glupo

aqıllı / aqılsız

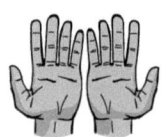

lijevo / desno

sul / uñ

blizu / daleko

yaqın / yıraq

novo / rabljeno
yaña / qullanılğan

ništa / nešto
hiçnərsə / nərsəder

staro / mlado
ölkən / yəş

uključeno / isključeno
abızdırılğan / sünderelgən

otvoreno / zatvoreno
açıq / yabıq

tiho / glasno
tawışsız / göreltele

bogato / siromašno
bay / yarlı

točno / pogrešno
döres / yalğış

hrapavo / glatko
qıtırşı / şoma

tužno / sretno
küñelsez / küñelle

kratko / dugo
qısqa / ozın

polako / brzo
aqrın / tiz

mokro / suho
dımlı / qorı

toplo / hladno
cılı / salqın

rat / mir
suğış / tınıçlıq

suprotnosti - qapma-qarşılıqlar

brojevi
sannar

0
nula
sıfır

1
jedan
ber

2
dva
ike

3
tri
öç

4
četiri
dürt

5
pet
biş

6
šest
altı

7
sedam
cide

8
osam
sigez

9
devet
tuğız

10
deset
un

11
jedanaest
unber

12 dvanaest / unike

13 trinaest / unöç

14 četrnaest / undürt

15 petnaest / unbiş

16 šestnaest / unaltı

17 sedamnaest / uncide

18 osamnaest / unsigez

19 devetnaest / untuğız

20 dvadeset / yegerme

100 stotinu / yöz

1.000 tisuću / meñ

1.000.000 milijun / million

jezici
tellər

engleski
inglizçə

američko engleski
Amerika inglizçəse

kinesko mandarinski
Mandarin qıtayçası

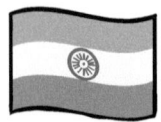
hindi
hindi

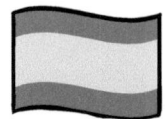
španjolski
İspança

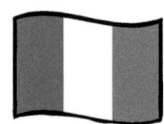
francuski
Fransızça

arapski
Ğərəpçə

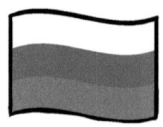
ruski
Rusça

portugalski
Portugalça

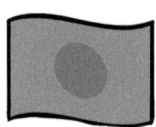
bengalski
Bengali

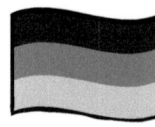
njemački
Almança

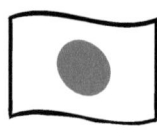
japanski
Yaponça

tko / što / kako
kem / nərsə / niçek

ja
min

ti
sin

on / ona / ono
ul / ul / ul

mi
bez

vi
sez

oni
alar

tko?
kem?

što?
nərsə?

kako?
niçek?

gdje?
qayda?

kada?
qayçan?

ime
isem

gdje
qayda

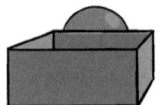

iza
artta

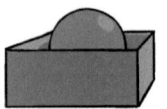

u
eçendə

ispred
aldında

preko
östendə

na
östendə

ispod
astında

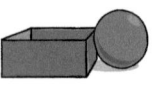

pored
yanında

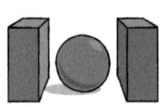

između
arasında

mjesto
urın